海上絲綢之路基本文獻叢書

四譯館增定館則（上）

〔明〕呂維祺 輯

文物出版社

圖書在版編目（CIP）數據

四譯館增定館則．上 /（明）吕維祺輯．-- 北京：文物出版社，2022.6
（海上絲綢之路基本文獻叢書）
ISBN 978-7-5010-7533-1

Ⅰ．①四… Ⅱ．①吕… Ⅲ．①中國歷史－史料－明清時代 Ⅳ．①K248.06

中國版本圖書館 CIP 數據核字（2022）第 065602 號

海上絲綢之路基本文獻叢書

四譯館增定館則（上）

著　　者：〔明〕吕維祺
策　　划：盛世博閱（北京）文化有限責任公司

封面設計：鞏榮彪
責任編輯：劉永海
責任印製：張道奇

出版發行：文物出版社
社　　址：北京市東城區東直門内北小街 2 號樓
郵　　編：100007
網　　址：http://www.wenwu.com
郵　　箱：web@wenwu.com
經　　銷：新華書店
印　　刷：北京旺都印務有限公司
開　　本：787mm×1092mm　1/16
印　　張：11.875
版　　次：2022 年 6 月第 1 版
印　　次：2022 年 6 月第 1 次印刷
書　　號：ISBN 978-7-5010-7533-1
定　　價：90.00 圓

總緒

海上絲綢之路，一般意義上是指從秦漢至鴉片戰争前中國與世界進行政治、經濟、文化交流的海上通道，主要分爲經由黄海、東海的海路最終抵達日本列島及朝鮮半島的東海航綫和以徐聞、合浦、廣州、泉州爲起點通往東南亞及印度洋地區的南海航綫。

在中國古代文獻中，最早、最詳細記載『海上絲綢之路』航綫的是東漢班固的《漢書·地理志》，詳細記載了西漢黄門譯長率領應募者入海『齎黄金雜繒而往』之事，書中所出現的地理記載與東南亞地區相關，并與實際的地理狀況基本相符。

東漢後，中國進入魏晉南北朝長達三百多年的分裂割據時期，絲路上的交往也走向低谷。這一時期的絲路交往，以法顯的西行最爲著名。法顯作爲從陸路西行到印度，再由海路回國的第一人，根據親身經歷所寫的《佛國記》（又稱《法顯傳》）一書，詳細介紹了古代中亞和印度、巴基斯坦、斯里蘭卡等地的歷史及風土人情，是瞭解和研究海陸絲綢之路的珍貴歷史資料。

隨着隋唐的統一，中國經濟重心的南移，中國與西方交通以海路爲主，海上絲綢之路進入大發展時期。廣州成爲唐朝最大的海外貿易中心，朝廷設立市舶司，專門管理海外貿易。唐代著名的地理學家賈耽（七三〇～八〇五年）的《皇華四達記》記載了從廣州通往阿拉伯地區的海上交通『廣州通夷道』，詳述了從廣州港出發，經越南、馬來半島、蘇門答臘半島至印度、錫蘭，直至波斯灣沿岸各國的航綫及沿途地區的方位、名稱、島礁、山川、民俗等。譯經大師義净西行求法，將沿途見聞寫成著作《大唐西域求法高僧傳》，詳細記載了海上絲綢之路的發展變化，是我們瞭解絲綢之路不可多得的第一手資料。

宋代的造船技術和航海技術顯著提高，指南針廣泛應用於航海，中國商船的遠航能力大大提升。北宋徐兢的《宣和奉使高麗圖經》詳細記述了船舶製造、海洋地理和往來航綫，是研究宋代海外交通史、中朝友好關係史、中朝經濟文化交流史的重要文獻。南宋趙汝適《諸蕃志》記載，南海有五十三個國家和地區與南宋通商貿易，形成了通往日本、高麗、東南亞、印度、波斯、阿拉伯等地的『海上絲綢之路』。宋代爲了加强商貿往來，於北宋神宗元豐三年（一〇八〇年）頒佈了中國歷史上第一部海洋貿易管理條例《廣州市舶條法》，并稱爲宋代貿易管理的制度範本。

元朝在經濟上採用重商主義政策，鼓勵海外貿易，中國與歐洲的聯繫與交往非常頻繁，其中馬可·波羅、伊本·白圖泰等歐洲旅行家來到中國，留下了大量的旅行記，記録元代海上絲綢之路的盛况。元代的汪大淵兩次出海，撰寫出《島夷志略》一書，記録了二百多個國名和地名，其中不少首次見於中國著録，涉及的地理範圍東至菲律賓群島，西至非洲。這些都反映了元朝時中西經濟文化交流的豐富内容。

明、清政府先後多次實施海禁政策，海上絲綢之路的貿易逐漸衰落。但是從明永樂三年至明宣德八年的二十八年裏，鄭和率船隊七下西洋，先後到達的國家多達三十多個，在進行經貿交流的同時，也極大地促進了中外文化的交流，這些都詳見於《西洋蕃國志》《星槎勝覽》《瀛涯勝覽》等典籍中。

關於海上絲綢之路的文獻記述，除上述官員、學者、求法或傳教高僧以及旅行者的著作外，自《漢書》之後，歷代正史大都列有《地理志》《四夷傳》《西域傳》《外國傳》《蠻夷傳》《屬國傳》等篇章，加上唐宋以來衆多的典制類文獻、地方史志文獻，集中反映了歷代王朝對於周邊部族、政權以及西方世界的認識，都是關於海上絲綢之路的原始史料性文獻。

海上絲綢之路概念的形成，經歷了一個演變的過程。十九世紀七十年代德國地理學家費迪南・馮・李希霍芬（Ferdinad Von Richthofen，一八三三～一九〇五），在其《中國：親身旅行和研究成果》第三卷中首次把輸出中國絲綢的東西陸路稱爲『絲綢之路』。有『歐洲漢學泰斗』之稱的法國漢學家沙畹（Édouard Chavannes，一八六五～一九一八），在其一九〇三年著作的《西突厥史料》中提出『絲路有海陸兩道』，蘊涵了海上絲綢之路最初提法。迄今發現最早正式提出『海上絲綢之路』一詞的是日本考古學家三杉隆敏，他在一九六七年出版《中國瓷器之旅：探索海上的絲綢之路》中首次使用『海上絲綢之路』一詞；一九七九年三杉隆敏又出版了《海上絲綢之路》一書，其立意和出發點局限在東西方之間的陶瓷貿易與交流史。

二十世紀八十年代以來，在海外交通史研究中，『海上絲綢之路』一詞逐漸成爲中外學術界廣泛接受的概念。根據姚楠等人研究，饒宗頤先生是華人中最早提出『海上絲綢之路』的人，他的《海道之絲路與昆侖舶》正式提出『海上絲路』的稱謂。選堂先生評價海上絲綢之路是外交、貿易和文化交流作用的通道。此後，大陸學者馮蔚然在一九七八年編寫的《航運史話》中，使用『海上絲綢之路』一詞，這是迄今學界查到的中國大陸最早使用『海上絲綢之路』的人，更多地限於航海活動領域的考察。一九八〇年北京大學陳炎教授提出『海上絲綢之路』研究，并於一九八一年發表《略論海上絲綢之路》一文。他對海上絲綢之路的理解超越以往，且帶有濃厚的愛國主義思想。陳炎教授之後，從事研究海上絲綢之路的學者越來越多，尤其沿海港口城市向聯合國申請海上絲綢之路非物質文化遺産活動，將海上絲綢之路研究推向新高潮。另外，國家把建設『絲綢之路經濟帶』和『二十一世紀海上絲綢之路』作爲對外發展方針，將這一學術課題提升爲國家願景的高度，使海上絲綢之路形成超越學術進入政經層面的熱潮。

與海上絲綢之路學的萬千氣象相對應，海上絲綢之路文獻的整理工作仍顯滯後，遠遠跟不上突飛猛進的研究進展。二〇一八年厦門大學、中山大學等單位聯合發起『海上絲綢之路文獻集成』專案，尚在醖釀當中。我們不揣淺陋，深入調查，廣泛搜集，將有關海上絲綢之路的原始史料文獻和研究文獻，分爲風俗物産、雜史筆記、海防海事、典章檔案等六個類別，彙編成《海上絲綢之路歷史文化叢書》，於二〇二〇年影印出版。此輯面市以來，深受各大圖書館及相關研究者好評。爲讓更多的讀者親近古籍文獻，我們遴選出前編中的菁華，彙編成《海上絲綢之路基本文獻叢書》，以單行本影印出版，以饗讀者，以期爲讀者展現出一幅幅中外經濟文化交流的精美畫卷，爲海上絲綢之路的研究提供歷史借鑒，爲『二十一世紀海上絲綢之路』倡議構想的實踐做好歷史的詮釋和注脚，從而達到『以史爲鑒』『古爲今用』的目的。

凡例

一、本編注重史料的珍稀性，從《海上絲綢之路歷史文化叢書》中遴選出菁華，擬出版百册單行本。

二、本編所選之文獻，其編纂的年代下限至一九四九年。

三、本編排序無嚴格定式，所選之文獻篇幅以二百餘頁爲宜，以便讀者閱讀使用。

四、本編所選文獻，每種前皆注明版本、著者。

五、本編文獻皆爲影印，原始文本掃描之後經過修復處理，仍存原式，少數文獻由於原始底本欠佳，略有模糊之處，不影響閱讀使用。

六、本編原始底本非一時一地之出版物，原書裝幀、開本多有不同，本書彙編之後，統一爲十六開右翻本。

目録

四譯館增定館則（上）

四譯館增定館則（上）

序至卷六

〔明〕呂維祺 輯 〔清〕曹溶 錢綎 輯

〔清〕許三禮 霍維翰 增輯

明崇禎刻清康熙袁懋德重修本

題詞

四譯館建有自矣僉曰柔遠
人竊单謂
天統者何蓋聖道如天帝道則
天道合外內為一家無遠弗

屆此八荒萬國望宅中定鼎者曰天朝也一以視

聖上奠乾埏乘六龍釐事不惑以天自律一予必曰天命猶懼非雨露之亶育一奪必曰

天討尚恐非霜雪之齊威念
茲在茲偏一處出我膜外者
其如天何春秋傳曰聖人以
天自處法天云乎哉一以望
諸番在六合以內六合以外

者莫自外于天既生長覆幬之下無不本天何得自背乎天問依日月之光者誰非羲和爾命敬授之舒長當忘之耶問沐風雷之益者誰非瞽

璣咸若泰和之順則應倍之
耶有不討正朔車書之及與
不及者中庸曰凡有血氣者
莫不尊親故曰配天所謂山
川鬼神鳥獸草木魚鱉莫有

外天威天澤之表者但云遠人柔也哉同人推廣茲義吾道大原之所自出與夫道岸之所自登均不出是至職學之課若考館制之興與復前

輩有則霍子有記茲不及

康熙戊辰秋七月翰林院提督

四譯館太常寺少卿天中許

三禮摂并書

詩序四

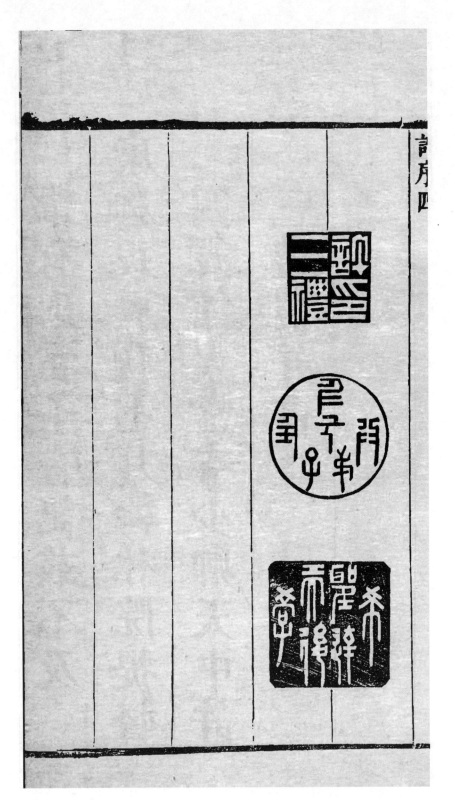

補刻館則序

國家聲教四訖莫不尊親梯航而至者歲且接踵昔西邸越裳憬慕周治重譯來享象胥氏通其語言厚其委質授其符節以

至兜離僸佅咸得與四代宮縣同歸掌故即今館職也吾意當時周官所載簡策重大獨無殘缺失次之慮則有司之矜慎可知矣明初館事總之館師迨弘

治七年始以太常卿二員提督之至今相沿第昔有十館今止八焉昔有二員今止一焉雖多寡不同而其間信使往來一字一句之間必詳必慎各館之內

殿最必嚴登選必當與夫葺舍
清餼糾曠汰冗錄勤警玩之類
則無不同也館舊有則創于郭
洪西公至崇禎庚午天中呂公
復增定之迄今四十餘年棗梨

散佚已亡其半小史于舊本鈔補咸帙而已余承匱斯館懼其久而盡失也遂捐俸命工缺者鋟而足之凡百四十有奇而始書乃完又增入

本朝任事諸公自孫北海先生以洎于余凡二十有一人焉諸公皆夙夜匪懈不以蘧廬信宿視職事者也而余前任歷城孫公怍庭則又力新廨宇以貽

後人至今愛其帡幪者移道弗
絕余茲役也庶幾希驥託鬉云
爾蓋乃
帝德遐布不寧方來尚有王會
所不盡圖職方所不賅紀行且

遠邁成周聯闠來艾此圖後之
君子所當增益光大續登剞劂
以垂無窮者是又余之拭目而
俟者矣

康熙癸丑季夏

翰林院提督四譯館太常寺少卿淑陽袁懋德六完氏題於玉堂分署

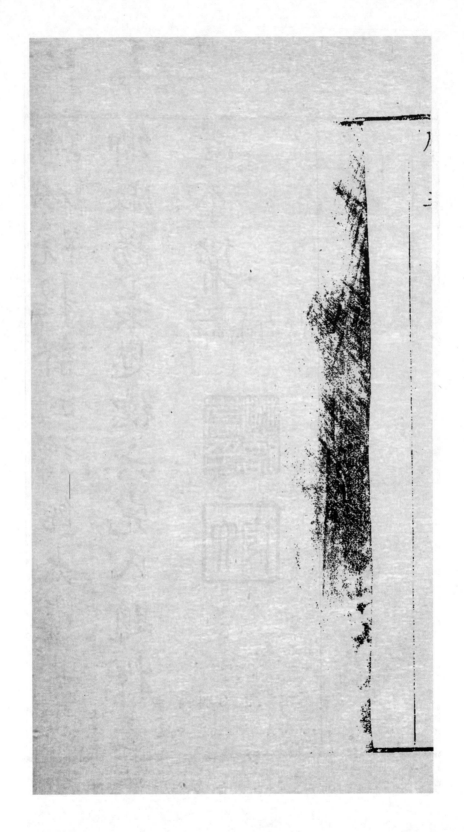

增定館則

敕諭二道

正統九年六月十八日奉
聖諭朝廷懷撫四彝因其言語文字
不通所以授譯字官以達其情比先
選監生官民家子弟習學有成效的

都與他職事近聞有等不遵禮法之徒全不用心習學惟務出外遊蕩甚至抗拒師長不服教訓歷年已久學無進益好生怠慢廢弛今著寺副姚本主事于禮提督同教師每專心訓誨敢有仍蹈前非的提督官同教師

責罰記過屢犯不悛的具奏處治翰林院堂上官時常點閘考校務求成效以資任使提督官教師不許縱容怠慢習字官子弟人等果有愚頑不知改悔不堪教訓的來說黜退他已除官的待考满時還着實考他以憑

黜陟欽此

弘治三年五月二十五日該禮部

尚書耿　等題奉

欽依四彝館子弟務要專工習學本

等藝業精通彝語諳曉番文以備應

用不許假以寫字習學爲繇別圖出

身不務本等番譯俟三年後本院行
移禮部會官考試中者作食糧子弟
月給米一石習學又過三年後仍照
前例會考中優等者與冠帶作譯字
官仍給米一石又過三年後會考中
優等者授以序班職事其初試不中

者許過三年再試不中者許過六年三試不中者黜退爲民中者照例食糧冠帶除授監生初入舘者照坐監例食糧習學俟三年後考中者與糧一石家小糧俱仍舊又過三年再考中者與冠帶俟至九年考中優等者

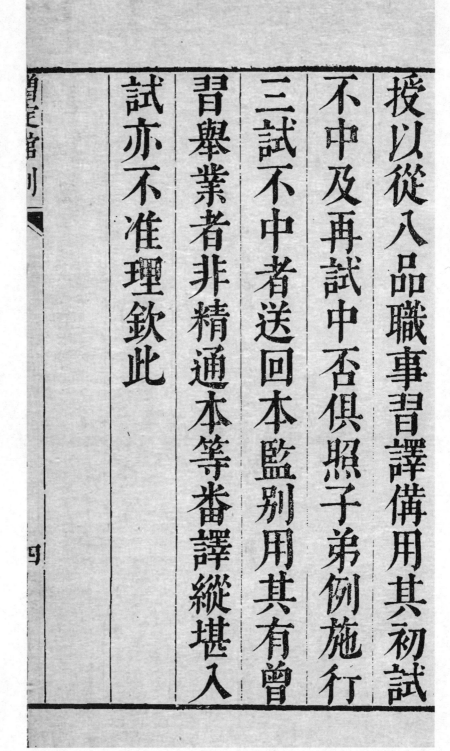

授以從入品職事習譯備用其初試不中及再試中否俱照子弟例施行三試不中者送回本監别用其有曾習舉業者非精通本等番譯縱堪入試亦不准理欽此

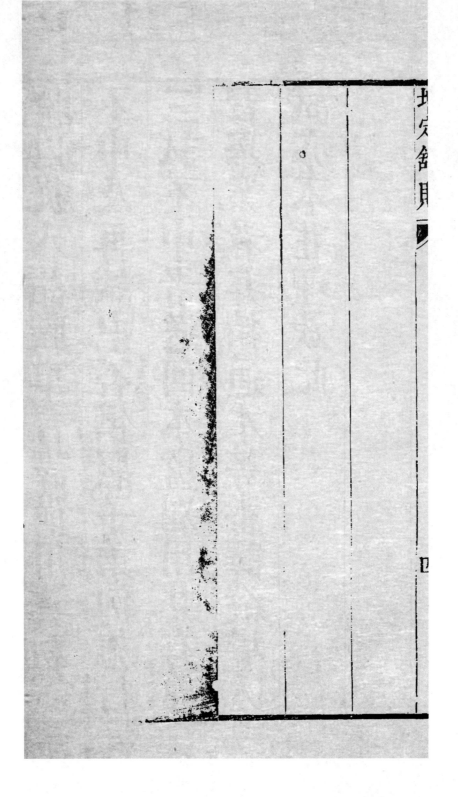

跋

國家統一寰宇四海內外罔勿

来王聲教所及亦既暨遠勿届

矣惟是殊方異域語言文字詰

曲咮噣若非有以鑒別而昭示

云其何以上宣
國威下察遠誠乎四譯館之設
所由來矣館隸於玉署而督以
清卿地園人重法以事傳館則
一書與章具在但歲月滋久魚

彰澂清
許大人蒞署之日稽閱舊籍見
其篇章遺軼慮歷久而湮滅或
致文獻無徵特命補其殘闕而
增輯之夫前之作則今之軌範

也今予備舉後之率循也

大人之砥礪屬士而嘉惠來茲

意良厚矣翰倫員末屬承命董

役工竣而紀其畧于簡末且願

與同寅協恭多士遵守以無負

今日備舉之厚意耳

康熙戊辰孟秋穀旦

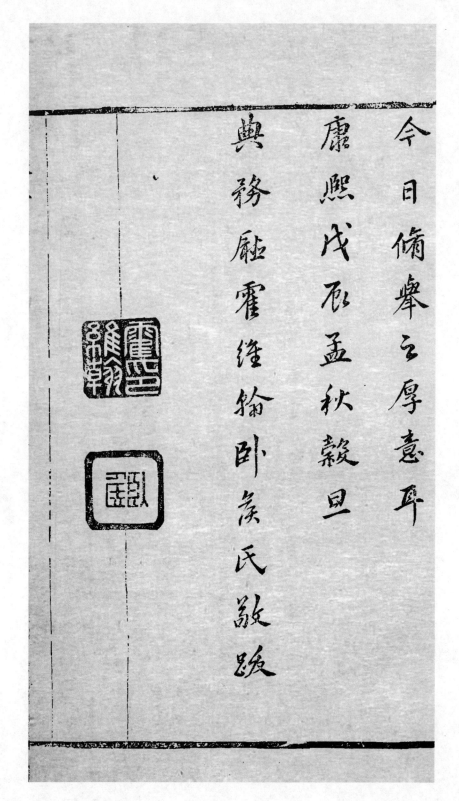

典務融霍維翰卧侯氏敬跋

霍䟦三

新增館則

檇李曹　溶輯

題奏類

翰林院提督四譯館太常寺少卿龔　謹

題爲申明職守事宜仰祈

聖裁飭行事竊照四譯館之設所以統率官生辯

習文字達聲教而柔遠人也恭逢

皇上開天立極萬國來同德威普暨於遐方琪球

肇基於萬禩臣備員提督職掌攸關際茲玉

新增館則

會之隆敢昧素餐之戒謹以應行事宜爲
條上陳之
一請給公署以便肄習臣衙門職司　朝貢繫
重譯之覲聽可以歷年而不用不可一日而
不備故舊設十館館有分曹所以安處多員
時其考課也自舊署別用討給司經局未幾
復改充都察院衙門矣屢經移文院部卒未
補給嗣是僑棲寺廟僻隘難居既於體制非
宜亦且教習無所乞

勅下工部比照太醫院改給會館事例查撥空閒官房以充公署庶稽考有地而職業不曠矣伏候

聖裁

一選儲後學以永傳習各國文字懸殊番譯實難猝辦舊制譯字生或六年一收考或十餘年一收考家傳幼習緩急不苦乏人今各館有官無生既已晨星落落而暹羅館則官生俱絕百夷館亦官止一員脫或譯學失傳誰

執其咎目今廣撫題報暹羅有進貢之期矣
除臣一面招集本館世業子弟刻期習學外
查順治二年前任館臣考定子弟六十餘名
堪補遴充因陞任未經具題遂致渙散断
勑下禮部照例考試選補庶傳習有人不至貽悞
於臨時也伏候
聖裁
一開註缺册以重職守十館各官舊由吏部題
授自元年投誠郎以原官辦事禮部册檔可

查又經內院裁定經制准設堂屬官五十六員底冊亦存户部年來　朝叅慶賀支俸類賞皆得與焉其爲實歷見任之官明矣止因投誠之始提督乏員故冊存禮部未移銓司嗣是丁憂起復及事陞遷轉皆以缺冊無名致煩查駁夫辦事食俸則有人候　朝叅罰則有人而姓名不列於銓曹宜各官之悵惘自失也且譯學之傳皆由世業教之累世尚恐未精今十館缺員已虛經制之半倘復日

消月耗蹩頓彌難所
勅吏部查照節次造送職名准與入册其丁憂者
查無違碍照例題補庶寒官爭勉於職業而
拮据不虞欠伏候
聖裁
一申飭勸懲以別勤惰舊例譯學官生除逐日
教習外有月課有季考有歲終分別等第開
送內院凡遇　史館　誥勅謄錄需人亦於
十館職官選用其繩約至嚴而擇別至精也

臣受事以後按季考課亦孜孜罔敢怠荒矣

今序班等官歷俸三載俱當給由之期其考

覈稱職者似應查照會典量與加銜而譯字

官習學年滿亦宜試其優劣酌題授職一切

選取薦送仍請照例舉行明開向用之門使

不以散曹自棄自此以往仍有玩日愒月不

共乃職者臣請呈報內院不時參處特示

罷黜庶羣心知奮而學業彌勤矣伏候

聖裁　以上四款皆係職守要務字稍逾格並乞

新抄館 四

聖明鑒宥施行

順治十年三月二十五日具題二十七日奉

聖旨該部議奏

吏部尚書朱成等題爲申明職守事宜仰

祈

聖裁飭行事文選清吏司案呈奉本部送吏科抄

出翰林院提督四譯館太常寺卿龔

題前事等因順治十年三月二十七日奉

聖旨該部議奏欽此到部送司案呈到部該臣等

議得龔　奏內事理應聽禮工二部定議
具奏臣部另行議覆
順治十年四月十九日奉
聖旨依議
禮部尚書郎胡　等題為申明職守事宜仰
祈
聖裁飭行事儀制清吏司案呈奉本部送禮科抄
出吏科外抄翰林院提督四譯館太常寺少
卿龔　題前事十年三月二十七日奉

聖旨該部議奏欽此又准吏部咨前事等因奉
聖旨依議欽此到部送司案呈到部該臣等議得
外國漸次來朝進貢四譯館譯字生不可缺
之伏乞
勑下臣部會同四譯館堂上官於世業子弟內照
例考選取爲譯字生交付四譯館堂上官在
館肄業又查四譯館係翰林院所屬其順治
元年投誠四譯館林大有等三十二員相應
翰林院開送吏部開註缺冊應聽吏部議覆

至於請給公費悉聽工部議覆其申嚴勸懲
事係四譯館本衙門職掌凡考課歲叅應聽
自行呈報內院者也
順治十年五月初九日奉
聖旨依議行
工部尚書劉孫等題爲申明職守事宜仰
祈
聖裁飭行事營繕清吏司案呈奉本部送工科抄
出吏科外抄翰林院提督四譯館太常寺少

卿襲　題前事十年三月二十七日奉
聖旨該部議奏欽此又准吏部咨前事等因奉
聖旨依議欽此到部送司案呈到部該臣等議得
工作繁興錢糧不敷已經臣部題請停止各
工欽遵在案今寺臣龔　請給四譯館衙
門乃其職掌之所當言第查臣部見在空房
無有堪充公署者如倉場大理寺等衙門歷
經諸臣奏討亦槩未設不止四譯館一處也
今請暫停俟錢糧豐盈另議鳩集可也既經

該司案呈前來相應具題恭候

下臣部遵奉施行

順治十年六月初九日奉

旨額設衙門不與公署何以辦事還權宜察給

俟錢糧豐足另議具奏

工部尚書孫劉等題爲申明職守事宜仰

祈

聖裁飭行事營繕清吏司案呈奉本部送工科抄

出本部題覆翰林院提督四譯館太常寺少

新增館則

卿　題請查撥空房以充公署等項緣

由具覆奉

聖旨額設衙門不與公署何以辦事還權宜察給

俟錢糧豐足另議具奏欽此欽遵抄出到部

該臣等查得鹽院停差其公署在順城門外

見在空閑合無撥給四譯館官員暫任俟本

部錢糧豐裕另議奏　請可也

順治十年閏六月十一日奉

旨依議

翰林院提督四譯館太常寺少卿孫　爲
題請條記事於順治元年內准㨿
禮部發給四譯館典務廳印信條記一顆後
因呈送改造四譯一字遂呈
內閣轉送　禮部改鑄未曾給發後於十八
年內　提督少卿任　移文禮部呈請
內閣竊思內外各衙門皆有首領廳官印信
條記惟四譯館未㨿發給伏冀
部臺查照給發施行隨於本年內㨿

禮部當堂給發交付典務廳收貯

提督四譯館太常寺少卿加一級臣孫　謹

題爲請

旨事臣查四譯館原係翰林院衙門從來季考譯字生試卷俱送翰林院復閱自順治十八年八月內原任少卿楊義具疏請

旨因停罷翰林院名色請改臣衙門翰林院關防字樣吏部覆准改用提督四譯館關防遵行

至今玆我

皇上考稽舊章已復翰林院衙門臣衙門應否亦
照翰林院一體復舊不敢不具陳緣由仰祈
睿鑒又臣衙門有額設正教序班協教序班兩項
官員從前品級考內遺漏未載應否註明以
備官制并乞
皇上勅部與
欽點同僚品級考諸臣酌議具覆聽候
皇上裁定施行謹題請
旨

康熙九年十二月二十三日具題二十五日

奉

聖旨該部議奏

吏部爲請

旨事覆提督四譯館太常寺少卿加一級孫　題

前事康熙九年十二月二十五日奉

旨該部議奏欽此欽遵該臣等議得提督四譯館

太常寺少卿加一級孫光祀疏稱臣四譯館

原係翰林院衙門從來季考譯字生試卷俱

送翰林院覆閲順治十八年以翰林院旣停
關防不便仍用翰林院字樣應止用提督四
譯館關防今已復翰林院衙門則臣衙門原
有翰林院字樣應否亦照翰林院一體復舊
不敢不具陳緣由又臣衙門有額設見任止
教序班協教序班兩項官員從前品級考內
遺漏未載應否註明乞
勅部與同修品級考諸臣酌議等語查提督四譯
館舊用關防原有翰林院字樣於順治十八

年因停罷翰林院將該衙門關防改鑄令翰
林院衙門既已復設其關防相應移禮部照
舊添鑄翰林院字樣舊關防俟新關防到日
繳送禮部銷燬至正教協敎兩項官員俱由
世習外國言語進館從前原未載入品級考
內此處應無容議康熙十年正月二十日奉
旨依議

新增館則

五鹿錢　綖輯

堂官出差

遣祭

五嶽四瀆順治八年三月内蒙
恩詔禮部照例題准本館提督少卿孫　差浙
江廣東致祭康熙二十三年十一月内蒙
恩詔禮部題准本館提督少卿王　差山東致祭

遣祭歷代
帝王陵寢孔子闕里康熙七年正月内

詔差本館提督少卿錢　遼東致祭
屬官出差
禮部於順治十一年七月內題准齋
詔事翰林院四譯館首領屬員差遣齋
詔永著爲例隨於本年差官孫希賢茅重十三年
差官郭昌祚王弘德郭之翰孫希賢周世選
十四年差官王允中唐虞春十五年差官郭
彌貞王弘德茅重十七年差官郭昌祚邵緒
美章增郭之翰康熙元年差官王弘德周世

選

考選任用

於順治十一年八月內蒙

內閣傳諭本館教師等官考選取中孫希賢邵

緒美郭彌貞王得琦等四員辦寫

御屏

選儲收考

暹羅百譯二館官生俱絕誠恐譯學失傳移

文收考以備任用蒙

禮部滿漢尚書郎胡　於順治十一年九月
內會同本館堂上官於世業子弟內照例考
選中式者章銓等四十二名題授譯字生送
館習學

鈌生收考

高昌暹羅二館鈌生移文收考以備任用嘗
禮部滿漢尚書哈龔　於康熙十一年四月
內會同本館堂上官於世業子弟內照例考
選中式者張永祚等四十七名題授譯字生

送館習學

收錄繼業

翰林院提督四譯館正堂孫　爲儲養譯學人才事誠恐後缺乏人於康熙十一年七月内收錄繼業譯字生杜順春等四十三名給帖散館肄業以備任用

翰林院提督四譯館正堂袁　於康熙十一年十月内收錄繼業譯字生李都等二十八名給帖散館肄業以備任用

翰林院提督四譯館正堂張　於康熙十
二年十二月内收錄繼業譯字生甄世璉等
名給帖散館肄業以備任用

重修翰林院四譯館碑記

翰林院之有四譯館其來尚矣葢自勝朝建置以柔遠人爰洎我

朝宅中定鼎凡設官分職因革損益視前代加詳而四譯館官制仍舊繫之翰林院崇文治也立之别署使責有專司也遴世業子弟之茂異者肄習其中月有課季有試賞罰勸懲有差以之讀異國之書一如其宿瞽而素嫺者率循無斁於今垂三十年余觀

朝廷之所以重斯典者意葢有在六曹百執事亦
既碁布星羅至治翔洽漸被日海隅出日遜
聽風聲異日者入荒徠臣萬邦向化濊澤所
届文命所敷將於是乎取之卽周公之授南
車師古之陳王會一時盛世千古侈談以今
况昔餘嶶可繼故譯習之學可以數年不用
不可一日不備也嚮尙在辛丑改翰林院爲內
三院并四譯館亦省翰林院銜名近年以來
隸在宗伯歲庚戌我

皇上考稽舊章式序在位殿閣翰苑悉以
世祖章皇帝爲准百司庶府欣覩率由臣光祀因
得具疏陳請以部覆上
詔曰可趣鑄印換給復定制如故乃館署係
國初更設屋宇數楹歲久就圮且門甚卑隘不類
衙舍於是議所以增修之惟是近日水衡之
費動以什伯萬計區區閑署曷敢是煩冬官
約輸俸兩歲餘當可竣事遂庀材鳩工胥爲
改作徙火房在署之西北偏僅足容膝諸館

散處未有行列今建火房於廳事後左右爲八館葺屋其西附諸文卷廳事前側爲典務廳又稍廓其門宇使可旋輿馬自亥春徂夏凡四閱月而告成雖未能美厥輪奐然規模粗具堂基之間翼翼如也董兹役者典務三君弘德綜理維勤而一時正協教各官凡十五人共相省事與有力焉今年春增置譯字子弟之員略倣甲午舊額昕夕肄業綽綽乎有餘地矣諸君請爲文以紀之爲敘其大略

如此若夫踵華增美是所未遑亦曰如其禮
樂以俟君子云爾
康熙壬子秋日翰林院提督四譯館太常寺
少卿加一級濟南孫光祀撰并書

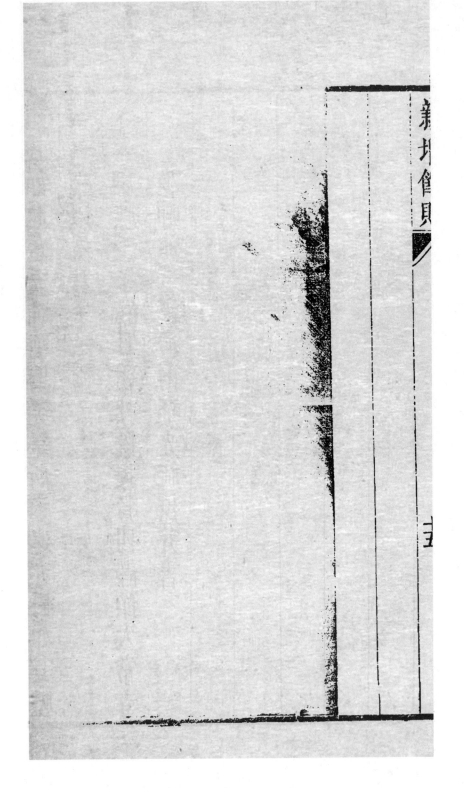

增定館則目録

卷之三

典制

經費

一歲額

一逋欠

一兑欠

一待領

一額費

本堂公用　官生紙筆　新官到任

屬官公用　各役工食　分金坐資

節陞賞賚

卷之十

儀注

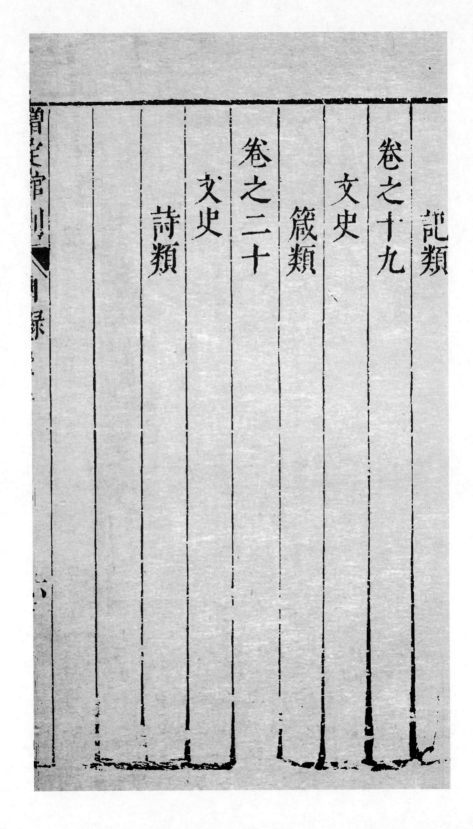

增定館則卷之一

天中呂維祺介孺編輯

臨川章光岳仲山
東楚解學龍言卿　同訂

建設

提督四彝館

洪武十五年正月

上以前元素無文字發號施令但借高昌書製蒙古字行天下乃令翰林院侍講火原潔與編

修馬懿赤黑等以華言譯其語凡天文地理人事物類服食器用靡不具載復取元秘史參考名華彝譯語既成

詔刊行之自是使臣往來朔漠皆能得其情（出國朝典彙）

永樂五年三月因四夷朝貢言語文字不通

命禮部選國子生蔣禮等三十八人隷翰林院習譯書遇開科仍令就試置館於東安右門外分八館曰韃靼女直西番西天回回百

彝高昌緬甸出會典及典彙

十年六月增建習譯書館二十楹出典彙

十九年八月

上謂諸番字中國宜解其義因選太學生聰明者習之諸生多不悦輒生謗議

上怒將罪之學士楊榮救免遂命掌其事榮訓廸得宜帖服有成有官至五六品者出典彙

宣德元年兼選官民子弟委官爲教師命翰林學士稽考課程

正統九年令寺副姚本主事於禮提督奉有

聖諭壹道 出會典及館則詳見勑諭

天順間禮部左侍郎鄒幹等奏永樂間翰林院譯寫番字俱於國子監選取監生習用近年以來官員軍民匠作厨役子弟投托教師私自習學濫求進用況番字文書多關邊務教習既濫不免透漏夷情乞勑翰林院今後各館有缺仍照永樂間例選取年幼俊秀監生送館習學其教師不許擅留各家子弟私

習及狥私舉保
上命今後敢有私自教習走漏彝情者皆重罪不
宥　出典彙
時詔求通彝字者大學士李賢以太僕寺卿
韓定應詔入奏彝音譯字之説
上悦賜寶鈔錦綺定家京師正統初以儒生送入
翰林習學彝字精於業授鴻臚序班景泰初
選入内閣辦事以精楷書陞中書舍人歷吏
部員外郎中提督四彝館事至太僕卿定事

親孝處兄弟友愛天性儉約居官四十餘年
在内閣書制誥朝入暮出無或少怠處僚寀
以義待生徒以禮一時入館習彝字者無不
諳曉出典彙

天順三年四月禮部奏四彝館譯字官生見
有一百五十四員名而教師馬銘又違例私
收子弟一百三十六名以希進用
上命禮部會官考選精通者量留餘送吏部改用
子弟俱遣寧家後有私自教習者必罪不赦

出典彙

弘治三年禮部題奉

欽依四彝館子弟專習本等藝業不許假以習舉

爲繇別圖出身三年後本院移禮部會官考

試中者月給米一石習學又過三年仍照前

例會考優等與冠帶仍給米一石又過三年

優者授序班職事初試不中者許三年再試

再試不中者六年再試三試不中爲民監生

大畧倣此 出館則詳 勑諭

弘治七年内閣題

請設太常卿一員少卿一員提督 出會典

正德六年增設八百館 出會典及典彙

嘉靖元年禮部尚書毛

題覆提督卿楊一漢題博收取以求真才嚴歲

叅以治頑懶陟賢能以勵後學處不才以杜

倖位四事因本館缺人題

本部會官考收又稱給假三月以裏查勘是實

准作日期其三箇月之上不論真假開糧住

俸不准實歷又稱不待年限陞官原非舊制
又稱今後三年考不中者徑黜爲民六年不
中給以冠帶榮身九年不中回籍閑住其資
稟年歲相應量終有成者聽翰林院酌量存
准再試等因奉
世宗皇帝聖旨是欽此出館則詳見題奏
嘉靖十八年二月恭遇
聖駕巡幸承天府禮部題奉
欽依准帶譯字官生四員名前往

行在選得馬良傳王坤楊端仲貢持國題
勅兵部撥給廩糧馬匹草料奉
世宗皇帝聖旨是欽此　出館則
嘉靖二十五年以後裁革本館正卿止存少
卿一員仍聽內閣稽考一切公移俱翰林院
轉行其習譯官仍鴻臚寺帶銜　出會典
二十五年禮部覆給事中厲汝進奏准將譯
字生通事官生會同大臣從公考較甄别去
留仍聽內閣裁酌去取精選得人其各官生

俱要嚴立期限勤督課業月有試季有考業
業精曉者方准留用不通者黜得
旨譯學不精本於選収多弊教法不嚴在館通事
人員即會同吏部通行考試有
旨罰治罷黜有差 出典彙
萬曆六年因暹羅國王委差進貢所有金葉
表文無從審譯禮部題奉
欽依令該國起送通曉番字人員據廣東布政司
查取𤀣使握悶辣等三員該大學士張居正

等題添設暹羅國一館收世業子弟教習仍
增筆墨公費奉
欽依下部覆行連前共十館矣（出館則）
萬曆二十六年六月提督少卿傅好禮請給
關防奉
神宗皇帝聖旨禮部知道隨該禮部覆請相應鑄
給奉
神宗皇帝聖旨與做提督四彝館關防欽此（出館
則詳見題奏）

萬曆三十二年五月該大學士沈　等題爲
譯學缺人照例收取禮部覆奉
欽依考中譯字生馬尚禮等九十四名奉
神宗皇帝聖旨是這世業子弟你每既考取停當
都着送館作養欽此
三十五年八月太僕寺卿管太常寺少卿事
趙標起送考糧譯字生王子龍等六十三名
禮部題會同翰林院等官赴
午門裏會考照例月給米一石奉

神宗皇帝聖旨是欽此
天啓五年八月該禮部覆內閣題六年三月
考選譯字生韓永禎等九十四名奉
熹宗皇帝聖旨是送館作養欽此
崇禎元年三月內提督本館太常寺少卿朱
起送考糧於四月十五日赴
午門裏搭附
廷試預考中譯字生馬士秀等六十八名照例月
給米一石至七月二十七日滿日開支訖

增定館則卷之二

天中呂維祺介孺編輯
臨川章光岳仲山
東楚解學龍言卿　仝訂

選授

會考進館

一國初譯學缺人選太學年幼俊秀監生充之近年專選世業子弟間亦有選監生及凡民俊秀者如遇譯字生缺人太多者本堂呈閣

題
請下禮部會題考試選補如嘉靖四十五年二月
選取世業子弟田東作等七十五名萬曆三
十二年六月選取馬尚禮等九十四名天啓
六年三月選取韓永禎等九十四名例

收補定期

一嘉靖四十五年題
請內一款定補合無每六年一次收考每考止取
二三十八已奉

欽依但近年非缺乏之甚不准收考有二十餘年

方收考者

院帖收譯

一世業子孫有奏奉

欽依送館肄業者不論會考繼習俱准翰林院移

文即將發下生徒收譯仍將收到日期具由

報院

繼習譯業

一本館年深教師在任病故子孫通譯無過者

爲世業子弟比例陳情送館繼業嘉靖十六
年比例入館高昌館教師署正劉幹男劉應
二十年比例入館韃靼館教師署正馬廷禎
男馬鑰又萬曆十二年十月內緬甸館教師
序班夏鳳朝男夏繼恩比例該大學士申
等題奉
欽依訖又天啓二年十二月內韃靼館教師監丞
馬應乾男馬爾翥天啓四年三月內西天館
教師主簿楊開泰男楊四端韃靼館教師知

事劉尚賓男劉啓澤女直館教師寺副周廷
臣男周承湯俱自陳禮部題覆

訪取補譯

一先年各館缺人教譯具呈　內閣行禮部請
勑各邊訪取諳曉番譯人員赴　部考驗授以官
職送館教譯行工部給與官房光祿寺撥廚
役一名供役仍日給酒飯如路遠無家小者
許自陳奏准與在京相應軍民之家爲婚病
故者許宛大二縣荒地塟埋子孫陳情存恤

送館習譯

會考食糧

一凡生徒入館肄業三年例該起送赴部會考
食糧據呈帖仰各館官遵照先今事例即查
各生於某年月日及有無公私過犯等情應
否起送取具結狀一樣二本呈閣批院轉行
禮部題
請若候考日久事故不一該部再行查勘仍行各
館將查過緣由并各生見在數目備開花名

手冊回報送考若三年內無故曠三箇月之

上者行令改過自新補足前曠日期方許另

行送考

去畱規則

一弘治三年禮部題

准四彝館子弟三年後本院移禮部會官考試中

者月給米一石初試不中許三年再試嘉靖

元年禮部題

准令後三年考不中者徑黜爲民其資稟年歲相

應量終有成聽翰林院酌量方許再試

考糧事例

一嘉靖二十一年十二月禮部題奉

欽依將韃靼等館譯字生叢德等監生曹金等八

十名照例

午門裏會考除該大學士嚴　題訪得郭元梓等

二十四名先年貪緣誤聽不許與考徑黜爲

民奉

旨革黜外考得靖九經等十五名譯業精通月給

來一石貢拵國等十五名譯業稍通送館[illegible]
譯食糧劉承祖等三十二名譯字差謬革退
為民其湯蓉等臨考不到革役為民俱奉
皇帝聖旨是欽此
一萬曆三十五年禮部題奉
欽依會考得王子龍等五十名送院食糧鄭世選
等七名送館習學三年再試查各生多歷過
七箇月已後再習補二年零五箇月連前扣
算三年

恩免日期

一萬曆三十四年二月内恭遇

聖母徽號欽詔内一款四彝館譯字生亦優免四箇月是年王子龍等比例具呈此後凡遇

恩詔俱免歷四箇月

搭考食糧

一譯字生或有入館雖深偶有患病不及三年之期者恐將來一人難以會考亦應查處此[illegible]題准[illegible]基等例請豁申[illegible]

[illegible]其搭考有中式者候滿三年之期食[illegible]

或仍候期滿之日另行送考惟其所裁

搭考事例

一正德九年十一月禮部題據提督卿呈稱給

等三年已滿薛基等五名各因丁憂畢姻未

滿三年乞要搭考仍候三年食糧又萬曆三

十七年三月内禮部題准翰林院手本據

官主簿樊于陛呈馬尚禮等二十名習業未

及三年比照搭考相應于

廷試歲貢之日同考俱奉
欽依准行在卷
會考冠帶
一弘治三年題
准事例食糧子弟又過三年仍會考中優等者與
冠帶作譯字官仍給米一石三試不中者黜
退爲民又嘉靖元年禮部題
准事例內閣六年冠帶不中者給冠帶[illegible]
一萬曆三十八年六月禮部題奉

欽依會同六部都察院堂上官翰林院掌印官考
試唐尚忠等三十九名送吏部冠帶作譯字
官仍月給米一石不與應得柴薪照舊送館辦
事

議考定等

一譯字生食糧三年未考而遇
廷試恐人數不多難照[illegible][illegible]例[illegible]考有萬曆二
十二年夏繼恩[illegible][illegible]西番四[illegible][illegible]等中郭志隆
等例

季試進呈

一九館初授譯字官□字課每月提督官出題

三道季總九道彙□各官譯出番漢字登簿

季終呈

堂類呈內閣收執授職之後不用

會考授職

一弘治三年五月內題奉

欽依譯字官又過三年會同考中優等者授以序班

職事監生九年考中者授以從八品職事

一嘉靖八年八月內題奉
欽依九年授職冠帶有援以應得職事回籍閒住
免終身差役
滿考授職
一查得吏部職掌 欽譯字官有將近九年九
期告將歲貢考試者一體收考題奉
欽依以後俱照此例尚考又有萬曆六年唐璋等
十八年獎于陞等例四十年四月有唐尚忠
例詳見公移

增定館則 卷之 八

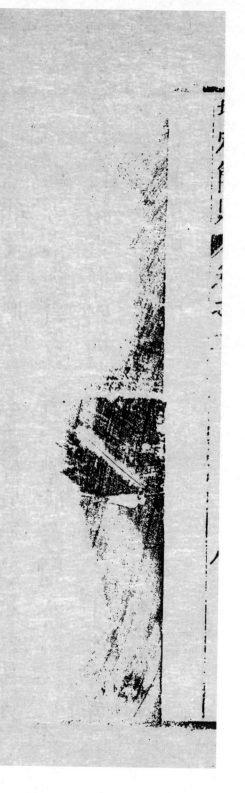

增定館則卷之三

天中呂維祺介孺編輯
臨川章光岳仲山　仝訂
東楚解學龍言卿

典制

一　陪祀報名

郊廟社稷等處祭享本堂例該陪祀先月於鴻臚寺禮部監禮監宰各執事衙門報名舊例無

印多移關太常寺近日徑用印信手本于前
項執事衙門

慶成與宴

一大祀慶成例該次日 賜宴准禮部精膳司
手本先期帖仰各館查勘與宴官員職名具
手本回覆精膳司並光祿寺

本堂文移

一舊日與各衙門一切文移因本館原無印信
多移會翰林院或太常寺衙門代行近因萬

曆二十六年六月內本館提督少卿傅　題

給

欽依關防俱本館徑行文移凡與翰林院太常寺

光祿太僕等衙門俱用手本關文

重臣奏討

一國家勑命重臣有事外國奏討通譯人員准

院手本於各館職官內選其諳曉番文熟知

夷情者送院揀選

業儒入試

一習譯諸生間亦有傍通儒業者每遇試期據
呈考選擇其文理優長行無過礙者備繇開
呈
內閣發本院轉送順天府入塲或曰舊規只差
送本院送試
文華揀選
一文華殿書辦缺人諸生有精於楷書願赴
者據呈考擇手本送院轉送禮部揀選近年
多不願往

史館揀用

一史館纂修本院奉

內閣題請手本取官謄錄於十館職官內選其
精通楷書者手本送院轉送揀用係教師者
不妨原務録畢復館辦事

選揀起送

一先年事例遇誥勅房史館謄錄缺人合將四
彝館譯字官員從公考選起送

內閣遵行已久近年人思越畔夤緣坐名取用

頗多本堂失其職掌甚有甫入館譯字生亦
取用者今後一復舊制非經本堂季考優異
從公選取者卽奉傳諭亦不敢徇也

起送事例

一經本堂考選起送者有萬曆三十九年劉登
瀛等本堂季考薦用者有四十三年張邦經
等原進候鈌序班者有四十三年王子龍等
奉
內閣題補起居注者有四十三年邵前勳等

差官喜峰

一大喜峰口差官一員驗放進貢彝人三年一
更每遇期滿彼中巡撫官據呈申請兵部移
咨由禮部本院轉行本館揀選行止端慎年
深老成諳曉番字官一員請知
內閣轉開本院起送接管萬曆三十六年二月
以林洲不願往選譯字生王子龍前去題
准作實授冠帶給與應得柴薪

陽和差遣

一先年據宣大總督尚書王　題差譯字官叢文輝差往陽和備驗番文後裁革

優免房號

一四夷館官生如係在京人氏例得優免房號有龔敏學比例具呈事例

優免報商

一本館譯字官生例應優免報商有吳應登比例具呈翰林院轉移手本武庫司除豁訖又

崇禎元年該本館少卿朱　奉批具呈

內閣題
請優免商役奉有
明旨在卷見題奏

諸生公假

一諸生舊例逐日進館故有每年假期近日既
改三六九日進館則假期似不必重開矣但
遇假日例免做課特酌書於後以示存羊之
意遇期委官具公假帖批示可也每月放糧
假一日

聖旦假三日清明七月十五日十月初一日假各

一日端陽重陽各假一日冬節前後假六日

歲暮自二十四日假至新正上旬擇吉赴館

上元燈節假至二十三日赴館

增定館則卷之四

天中呂維祺介孺編輯

臨川章光岳仲山

東楚解學龍言卿　仝訂

訓規

爲申嚴訓規以重譯學以便責成事照得

朝廷設置館卿原非徒爲傳舍轉官之地官生世

隸館業亦非徒爲虛糜廩食之所乃近年人

心日玩紀綱日弛教官不背書驗做而日省

之法廢諸生善習玩惰情面日重而月試之
法廢賞賚無資而季考之法廢堂與屬師與
生皆視為無事衙門而歲終之法廢以及每
遇升晝告假紛紛甚之有屢次不到者即齋
宿習儀揖
闕揖堂諸儀亦竟公然偷安況于子弟之道求
講禮儀之習未嫻道義之益未識師無以為
教生無以為守職業可謂修乎素餐可無愧
乎本監受事一年有半日日申嚴日日勸戒

覺漸就教化然不設爲繩約何以定其畫守特立款約各宜恪遵然此非余私言也不過申明舊章而已卷查嘉靖十七年五月內少卿王　呈內閣批准一款每日辰初受業籤考課背書每月本館教師考一次提督李考四次成案照然又一款每月將十五卯不到者行文光祿寺將月糧飯食計日扣除三年不許送考六年九年俱照前查筭如公私過犯及私逃參呈內閣送法司擬罪又一款

曾習舉業者非精通本等番譯不准應試擧
籤考較二樣書課牘者抑粮不准送考又查
嘉靖二十一年四月內少卿郭　呈內閣批
准一欵云往昔專攻番譯雜字不及
誥勅來文恐非急務今後二者并行肄習又一欵
云每月三卯不到即行責治牘業日久先抑
食糧季終查筭效選之日作牘又一欵云每
月有缺攻者則教師之曠職也歲終通呈內
閣參治其果考居下及推故不與隊責治外

仍照曠業記簿考選日期議去留又查萬曆
二十一年九月內少卿張　教規內云署教
而下一體考試託病不與輕則罰扣飯食重
則參懲究治萬曆三十五年十二月內少卿
洪　申久不到館者重則黜革輕則責治併
將月糧扣除克季考賞又云查得先年內閣
題准四彝館教師用心教譯所爲稱職如因
循怠惰以致諸生懶於進學有悞任使叅奏
治罪業奉

欽依各等因爲此仰各官生一體遵守如有抗違輕則戒飭罰糧重則叅呈重處幸無視爲故常取究未便須至條約者

計開

一舊例每日進館近因館少人多改爲三六九日令後每月朔望并三六九日俱齊進館畫卯不到者喚到重懲

一諸生陞堂務要整齊嚴肅登則魚貫而上降則捲班而下如有嬉笑亂次呼喚不應

者責

一每進館日照先年批准教規館師將所教

譯字官生考驗所授做課并背講

責

詔勅來文館考等書荒疎者量責怠惰不習者重

責

一每候　本堂進館日陞堂後間行掣籤考

驗各生雜字書課不能書寫背講者責懲

一諸生每月止十一卯二卯不到記曠業簿

四卯不到者記曠仍扣食糧十一卯全不

到者即時叅呈

內閣停食作曠滿日不准收考

一諸生學業荒怠累考俱下列爲下等遇會

考之日通筭量行裁抑或罰月日或不准

授冠帶以儆下駟

一各館教師遵照舊例每月將所教譯字生

考試分別等第託病不到者記曠革食并

將所考試卷等第及不到姓名呈　堂存

案以備歲叅

一諸生果有眞病及不得已事應給假者許赴館師驗明將假票用一圖書或花押呈堂准放每月五卯不到者扣飯食一月全假者扣飯食仍記曠若眞有別故奉准長假者不在此例

一諸生有給假畢姻治喪遷葬等事查無欺詐等情准行給引回籍定限後飯食截扣若過三箇月者并月糧行文住支若無故不到者過兩箇月以上者照例住支俸食

仍查明黍革

一舊例每季官生一考分別等第因賞賚無辦遂致廢閣今議仍復舊制每年春秋各季考一次分別等第一等者備優送

內閣用二等三等者爲平常四等者量行責治屢次四等者會考之日酌量裁抑

一諸生中有通舉業者如精通本業不妨並肄考試之日一體另題考驗或出論策

詔勅等題有能通曉暢達者另拔超等設法優異

一嘉靖三十一年內閣批准本堂少卿郭
呈一欵歲終通呈內閣終治今議各生之
優劣以日試月試季試及勤惰賢不肖有
憑據者爲則各官之賢否以能督率諸生
及日試月試有無曠廢爲則每年即於春
仲一考搭考各官一併查明分別等第官
出考語生分次第擇最優最劣俱終呈
內閣併翰林院以爲異日會考考滿起送優異
之據仍抄原案存堂備照

一二至日齋宿朔望閣揖習儀及本堂拜見迎送等儀俱爲典禮所關每次聽官驗查不到者各館師酌量責懲故抗不遵者呈堂究治

一諸生在途如遇本堂各館教師及凡公卿大夫俱要下馬避立在館習學尤遵師訓各館師亦當以師道自重嚴肅訓規毋徒素餐自失模範

一諸生當首以孝弟爲重凡有父母兄長務

要小心恭敬和氣順承不可觸忤爭競失爲人之本違者有鬬從重究處

一諸生當以道義爲重不可貪圖微利致壞行止至同館諸生即爲同門聲氣尤當相敬相規學爲聖賢一路人亦不可與外人爭訟如不得已禀明館師方行如出入衙門攬事好訟訪知定行叅革不恕

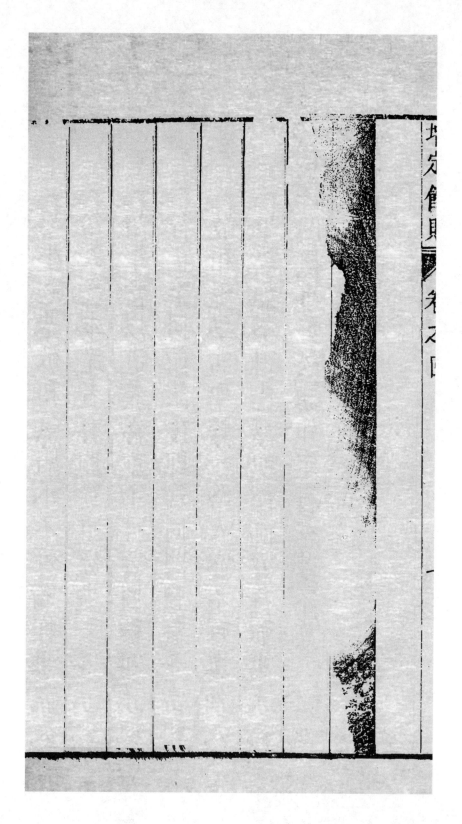

增定館則卷之五

天中呂維祺介孺編輯
臨川章光岳仲山
東楚解學龍言卿　仝訂

官方

堂上考滿

一本館堂上官考滿將歷俸月日扣算移文
吏部考功司查覈引
奏復職與太常寺堂上官同

屬官給繇

一屬官給繇呈本堂批行同館查勘本官年甲籍貫及除授歷俸年月日期曾否那移及任內有無公私過犯等項情弊取具該同館官生不扶結狀遵照正德十一年禮部題准事例填註考語具呈

內閣批行翰林院另定考語轉送吏部考功司該司考得本官所書番漢字語連卷發寺送館查明即同原發試卷仍轉行該司具

題其起送日即住支俸糧飯食復職後仍
取具本官到任日期送院轉行吏部查照

屬官陞銜

一屬官給由考滿稱職者序班加陞主簿職銜
主簿加陞光祿署丞職銜平常者姑留在館
暫停俟陞有萬曆四十年樊于陛停陞例不
稱職者罷黜俱查勘塡考送院轉行考功司

選補教師

一凡遇各館缺官教習於本館年深職官內選

其譯學優長行止端慎者具呈

內閣考試題

請點用或只據呈批准署掌

屬官考察

一凡遇考察之年准院帖廳呈堂即行十館備

查各官年甲籍貫出身來歷及除授到任陞

遷考滿事故等項月日歷俸若干據投供狀

過堂考其勤惰有無稱職其公差丁憂等項

官員續列於後備造履歷文冊送院轉行吏

部考功司考覆

委官承行

一本館一應事宜必須委官承行於十館職官內揀其練達公勤衆所推服者帖仰管理其幹濟之勤惰物議之皂白則官之賢否於此亦可畧占其槩矣今選正副二員歷勞至一年有半勤慎無過起送

內閣辦事副者接管亦如之

官生丁憂

一各官生丁憂據呈批行同館查勘是否或父或母於前項月日病故中間有無捏詐情弊覆查相同取具同館官生不扶結狀一樣二本粘連冊送本院轉行給引守制俸糧飯食截日住支牙牌呈繳服闋日各該府衛州縣取具里隣或官旗人等不扶結狀粘連起送禮部儀制司開送本院轉行本館仍行同館覆查無短喪許冒違礙情弊官生赴吏部急選復職生徑肄業

各官給假

一給假省親祭掃查照各部見行事例兩京文職有離家六年之上者比例奏請給假送順天府給引回籍依限赴部供職正德七年告省親緬甸館教師署丞陶春九年告祭掃韃靼館署丞楊廸崇禎三年告祭掃西天館尚寶司卿華燦

一本館監生并譯字生出身官員譯學荒疎願告外任者具呈

內閣起送赴部改選

散館開報

一散官帖仰各館查明有無初授陞授加授官

員除三年考滿及遇例曾經請給

誥勅等命并已給散官與今同者不必開報外其

未考滿未曾請給

恩典及曾六年考滿者取具親供行吏部驗封司

如繇院帖及太常寺轉取者仍轉開送

牙牌文册

一遇三年清理牙牌准院帖行各館將各官廳領牙牌字號數目備造文冊一樣三本送本院轉行禮部儀制司給由文冊

一近年歷俸文冊并給由丁憂等事俱本堂行各館查無違碍保結回覆呈內閣發本院轉行吏禮二部該司

坤定館則 卷之五 三

增定館則卷之六

天中呂維祺介孺編輯
臨川章光岳仲山
東楚解學龍言卿　仝訂

本堂題名

提督卿

李　温　景和順天府鄚縣人由庚辰進士弘治七年陞任歷戶部左侍郎

劉　璣　用齊陜西咸寧縣人由辛丑進士正德二年陞任歷戶部尚書

張志淳　進之雲南金齒司人由甲辰進士正德三年陞任南京戶部右侍郎

陳震　文靜陝西慶陽衛人由丁未進士正德四年陞自歷兵部右侍郎

侯觀　仕賓直隸雄縣人由戊戌進士正德五年陞任歷戶部尚書

廖紀　廷陳直隸東光縣人由庚戌進士正德七年陞任歷吏部尚書

沈冬魁　伯貞直隸阜城縣人由庚戌進士正德九年陞任歷禮部尚書

楊一漢　子山廣東南海縣人由己未進士正德十四年陞任歷副都御史

潘希曾　仲魯浙江金華縣人由壬戌進士正德二年陞任歷兵部右侍郎

劉思賢　用賓湖廣石首縣人由丙戌進士嘉靖四年陞任歷工部右侍郎

邊貢　廷實山東歷城縣人由丙辰進士嘉靖六年陞任歷南戶部右侍郎

蘇民　天秀陝西儀衛司人由乙丑進士嘉靖七年陞任歷工部右侍郎

成文　質夫山西文水縣人由壬戌進士嘉靖八年陞任歷副都御史

魏校　子才直隷崑山縣人由乙丑進士嘉靖八年陞任改國子監祭酒

彭澤　仁卿廣東南海縣人由丁丑進士嘉靖九年以左春坊左諭德陞任

管楫　汝濟陝西咸寧縣人由辛未進士嘉靖十年陞任歷副都御史

劉棟　元隆浙江山陰縣人由辛未進士嘉靖十三年任任歷南京兵部右侍郎

張邦奇　常甫浙江鄞縣人由弘治乙丑進士嘉靖十七年以太子賓客吏部左侍郎兼翰林院學士奉
欽依暫令提督歷南京兵部尚書

趙標　貞甫山西解州人萬曆丙戌進士三十二年陞任歷太僕寺卿照舊

管事

提督少卿

王佐　廷輔山西和順縣人由戊戌進士
弘治七年任歷南京戶部尚書

楊一清　應寧雲南安寧州人由壬辰進士
弘治十一年陞任歷吏部尚書武
英殿大學士

孫交　志同湖廣安陸州人由辛丑進士
弘治十四年陞任歷戶部尚書

李遜學　希賢河南上蔡縣人由丁未進士
正德三年陞任歷禮部尚書東閣
大學士

張檜　汝吉順天府平谷縣人由壬辰進
士正德五年以大理寺寺丞提督
歷僉都御史

楊廷儀　正夫四川新都縣人由己未進士
正德五年陞任歷兵部左侍郎

黃河清　應期福建南安縣人由壬戌進士
正德八年陞任歷南京右通政

萬鏜　仕鳴江西進賢縣人由乙丑進士
正德十一年陞任歷副都御史

張雲　季升河南信陽衛人由壬戌進士
正德十五年陞任歷戶部尚書

張九叙　禹功山東商河縣人由乙丑進未
嘉靖三年陞任歷僉都御史

汪玄錫　天啓直隸婺源縣人由正德辛未
進士嘉靖五年陞任歷戶部右侍
郎

劉穆　敬之山西臨汾縣人由正德丁丑
進士嘉靖六年陞任改本寺管事

謝丕　以中浙江餘姚縣人由乙丑進士
嘉靖六年陞任仍兼翰林院侍讀

歷吏部左侍郎

歐陽鐸　崇道江西泰和縣人由戊辰進士嘉靖六年陞任歷吏部右侍郎

王德明　宗周直隸保定府清苑縣人由戊辰進士嘉靖十年陞任歷僉都御史

胡森　秀夫浙江金華府湯溪縣人由辛巳進士嘉靖十二年陞任改南京鴻臚寺卿

王守　履約南直隸吳江縣人由丙戌進士嘉靖十三年陞任歷僉都御史

毛渠　世澤山東萊州府掖縣人由丙戌進士嘉靖十五年陞任歷太僕寺卿

崔　桐　來鳳直隸海門縣人由正德丁丑
進士嘉靖十八年陞任歷南京禮
部右侍郎

李開先　伯華山東章丘縣人由己丑進士
嘉靖十九年以吏部文選司郎中
陞任

胡　經　用甫江西廬陵縣人由己丑進士
嘉靖二十年陞任

郭　鋆　允重山西高平縣人由壬辰進士
嘉靖二十一年陞任歷南京光祿
寺卿

李鳳來　德儀直隸桐城縣人由辛巳進士
嘉靖二十三年陞任

彭　黯　道顯江西安福縣人由癸未進士
嘉靖二十四年陞任歷都察院右

副都御史

盧勳 汝立浙江縉雲縣人繇壬辰進士嘉靖二十五年以任歷太僕寺卿

高澄 肅卿順天府固安縣人繇己丑進士嘉靖二十八年以南京太僕寺少卿改任陞光祿寺卿

羅廷繡 公裳陝西淳化縣人繇戊戌進士嘉靖二十八年陞任

張鶚翼 習之直隷上海縣人繇辛丑進士嘉靖二十九年陞任

雷禮 必進江西豐城縣人嘉靖壬辰進士三十二年任陞順天府府尹歷少傅兼太子太傅工部尚書

何雲鵰 時賓浙江分水縣人嘉靖辛丑進士三十二年任改南京通政司右

通政

郝良臣 廷蓋山西襄垣縣人嘉靖辛丑進士三十二年任陞南京太僕寺卿歷光祿寺卿

盧宗哲 濟卿直隸德州左衛人嘉靖乙未進士三十四年任歷光祿寺卿

劉大實 子虛河南確山縣人嘉靖戊戌進士三十五年任陞太僕寺卿歷戶部左侍郎

查秉彝 性甫浙江海寧縣人嘉靖戊戌進士三十六年任陞順天府尹

徐陟 子明直隸華亭縣人嘉靖丁未進士三十八年任陞光祿寺卿歷南京刑部右侍郎

王秩 伯庸湖廣漢陽縣人嘉靖甲辰進士三十九年任

王鶴 子皐陝西長安縣人嘉靖甲辰進士四十年任陞大理寺左少卿歷應天府府尹

萬虞龍 言卿江西南昌縣人嘉靖庚戌進士四十一年任

吳承燾 仁甫直隸吳江縣人嘉靖癸丑進士四十一年任

任士憑 可依山東平原縣人嘉靖丁未進士四十二年任陞通政司右通政歷兵部右侍郎兼都察院右僉都御史

李敏 鈍甫山西榆次縣人嘉靖丁未進士四十三年任陞大理寺右少卿歷順天府府尹

[illegible] 卷六

陸　煒　文蔚浙江平湖縣人嘉靖甲辰進
士四十三年任

胥應槐　植吾山西洪洞縣人嘉靖丙辰進
士四十三年任歷巡撫寧夏右僉
都御史

楊豫孫　幼殷直隸華亭縣人嘉靖丁未進
士四十三年任陞通政司右通政
歷大理寺卿

陸光祖　與孝浙江平湖縣人嘉靖丁未進
士四十四年任歷工部右侍郎

汪　[illegible]　子[illegible]湖廣黃岡縣人嘉靖丁未進
士四十四年任陞禮部右侍郎

吳　悌　[illegible]江西金谿縣人嘉靖壬辰進
士四十五年任陞南京太僕寺卿
歷南京刑部右侍郎

陳炌 文海江西臨川縣人嘉靖辛丑進士四十五年任陞南京太僕寺卿歷都察院左都御史

羅良 虞臣江西萬安縣人嘉靖癸丑進士四十五年任陞大理寺右少卿歷光祿寺卿

林潤 若雨福建莆田縣人嘉靖丙辰進士隆慶元年任陞右僉都御史巡撫應天等處

徐公遴 舉之浙江開化縣人嘉靖甲辰進士隆慶元年任陞南京光祿寺卿

胡汝桂 芳甫山東金鄉縣人嘉靖丙辰進士隆慶元年任

趙灼 時章直隸上海縣人嘉靖丙辰進士隆慶元年任陞通政司右通政

武金 礪甫直隸井陘縣人嘉靖癸丑進士隆慶二年任陞都察院右僉都御史提督撫治鄖陽等處

曾同亨 于野江西吉水縣人嘉靖己未進士隆慶三年任陞光祿寺卿歷巡撫貴州右副都御史

周怡 順之直隸太平縣人嘉靖戊戌進士隆慶三年任

張鹵 召和河南儀封縣人嘉靖己未進士隆慶四年任陞右通政歷右僉都御史大理寺卿

孫光祐 仲篤山西絳州人嘉靖壬戌進士隆慶五年任陞大理寺少卿歷巡撫應天右僉都御史

呂藿 恍卿湖廣零陵縣人嘉靖壬戌進士隆慶五年任歷提督操江右僉都御史

韓楫 伯通山西蒲州人嘉靖乙丑進士隆慶五年任陞通政司右通政

宋良佐 守忠江西萬載縣人嘉靖乙丑進士隆慶六年任陞大理寺右少卿

劉淳 自裕河南陳州衛人嘉靖壬戌進士隆慶六年任

胡價 士重湖廣宜城縣人嘉靖壬戌進士隆慶六年任陞大理寺右少卿南京光祿寺卿操江右僉都御史回院歷左副都御史

王篆 汝文湖廣夷陵州人嘉靖壬戌進士萬曆元年任陞提督謄黃右通政操江右僉都御史陞左僉都回院歷左副都御史吏部右侍郎

劉大受 子可順天府大城縣人嘉靖己未進士萬曆二年任

孫鑨 文中錦衣衛官籍浙江餘姚縣人嘉靖丙辰進士萬曆三年任陞通政光祿寺卿

方九功 允治河南南陽縣人嘉靖乙丑進士萬曆三年任改南京鴻臚寺卿

温純 景文陝西三原縣人嘉靖乙丑進士萬曆五年任陞大理寺左少卿歷太常寺卿

楊俊民 伯章山西蒲州人嘉靖壬戌進士萬曆五年任陞大理寺左少卿歷山東巡撫右副都御史

鄭汝璧 邦章浙江縉雲縣人隆慶戊辰進士萬曆六年任

賈三近　德修山東嶧縣人隆慶戊辰進士萬曆六年任歷陞大理右少卿光祿寺卿

蕭　廩　可發江西萬安縣人嘉靖乙丑進士萬曆六年任陞南京太僕寺卿歷陝西巡撫右僉都御史

王宗載　時厚湖廣京山縣人嘉靖壬戌進士萬曆六年任陞大理寺右少卿歷巡撫江西右僉都御史

臧惟一　守中山東諸城縣人嘉靖乙丑進士萬曆七年任陞大理寺右少卿歷太僕寺卿

蔣遵箴　叔檢廣西全州人隆慶戊辰進士萬曆八年任陞南京光祿寺卿

孫維清　仲直山西解州人嘉靖乙丑進士
萬曆十年任

蕭崇業　允修雲南臨安衞籍應天府上元
縣人隆慶辛未進士萬曆十一年
任陞南京太僕寺卿歷右僉都御史
提督操江

姜寶　廷善直隸丹陽縣人嘉靖癸丑進
士萬曆十一年任陞南京大常寺
卿歷南京禮部尚書加太子少保

秦燿　道明直隸無錫縣人隆慶辛未進
士萬曆十二年任陞太僕寺卿歷
右副都御史巡撫湖廣

沈思孝　純甫浙江嘉興縣人隆慶戊辰進
士萬曆十三年任陞順天府府尹
歷巡撫陝西河南戎政右都御史

陳有年　登之浙江餘姚縣人嘉靖壬戌進士萬曆十三年任陞右僉都御史巡撫江西歷吏部尚書

齊世臣　惟良江西南昌縣人隆慶辛未進士萬曆十四年任

趙世卿　象賢山東歷城縣人隆慶辛未進士萬曆十五年任陞通政司右通政歷戶部尚書

邵仲祿　孟廉四川奉節縣人隆慶戊辰進士萬曆十五年任陞通政司右通政歷右副都御史贈兵部右侍郎

楊廷相　君贊福建晉江縣人萬曆甲戌進士萬曆十七年任陞應天府府尹歷南京通政使

陳大科 思進直隸揚州府通州人隆慶辛未進士萬曆十七年任陞通政司右通政歷兵部右侍郎總督兩廣

陳與郊 廣野浙江杭州府海寧縣人萬曆甲戌進士萬曆十八年任

劉希孟 醇甫山東安丘縣人隆慶辛未進士萬曆十八年任陞通政司右通政

朱來遠 文甫直隸廬州府廬江縣人萬曆丁丑進士萬曆十九年任

周思敬 子禮湖廣黃州府麻城縣人萬曆戊辰進士萬曆二十年任陞光祿寺卿歷南京大理寺卿戶部右侍郎

張一元 鳴春山東濟南府鄒平縣人隆慶辛未進士萬曆二十一年任陞通

政司右通政歷右僉都御史巡撫河南

劉元霖 元澤直隸河間府任丘縣人萬曆庚辰進士萬曆二十一年任陞右僉都御史巡撫浙江

趙崇善 伯兼浙江金華府蘭谿縣人萬曆丁丑進士萬曆二十二年任

白棟 子隆陝西榆林衛人隆慶辛未進士萬曆二十三年任陞大理寺右少卿

鄭繼之 伯孝湖廣襄陽儀衛司人嘉靖乙丑進士萬曆二十四年任歷吏部尚書

傅好禮 伯恭順天府固安縣人萬曆甲戌進士萬曆二十六年任

南企仲 伯稱陝西渭南縣人萬曆庚辰進士二十六年任陞太僕寺卿起南京戶部右侍郎

朱敬循 叔理浙江紹興府山陰縣人萬曆壬辰進士二十八年任陞通政司右通政

趙崇善 伯兼浙江金華府蘭谿縣人萬曆丁丑進士二十八年復任

景明 爾涵山西平陽府安邑縣人萬曆壬辰進士三十二年任

趙標 貞甫山西平陽府解州人萬曆丙戌進士三十二年任陞太僕寺卿照舊管事

馬洙 汝魯山西平陽府蒲州人萬曆己丑進士三十三年任

劉一焜　元丙江西南昌府南昌縣人萬曆壬辰進士三十四年任陞右僉都御史巡撫浙江

耿庭柏　惟芬山東濟南府新城縣人萬曆壬辰進士三十五年任陞太僕寺卿歷右僉都御史巡撫浙江

洪文衡　平仲直隸徽州府歙縣人萬曆己丑進士三十八年任陞大理寺少卿歷太常寺卿贈工部右侍郎

朱光祚　世其湖廣江陵縣人萬曆乙未進士三十九年任陞大理寺右少卿歷工部尚書總督河道

王　紀　惟里山西芮城縣人萬曆己丑進士四十年任陞右僉都御史巡撫

保定歷刑部尚書

李養正 若蒙直隷魏縣人萬曆戊戌進士四十年任陞右僉都御史巡撫河南歷太子少保刑部尚書

史孟麟 際明南直宜興縣人萬曆癸未進士四十二年任陞太僕寺卿

丁啓濬 參初福建晉江縣人萬曆壬辰進士四十四年任陞太常寺卿歷刑部左侍郎

梁克從 壺嶺河南鄢陵縣人萬曆戊戌進士四十五年任

周永春 毓陽山東兖州府金鄉縣人萬曆辛丑進士四十六年任陞右僉都

御史巡撫遼東

胡來朝　光陸直隸真定府贊皇縣人萬曆戊戌進士四十六年任陞右僉都御史巡撫大同

官應震　暘谷湖廣黃州府黃岡縣人萬曆戊戌進士四十八年任

范濟世　含初河南懷慶府濟源縣人萬曆戊戌進士四十八年任陞大理寺左少卿歷大子太保南京戶部尚書

楊東明　晉安河南歸德府虞城縣人萬曆庚辰進士天啓元年任歷刑部左侍郎

楊道賓　湛我福建泉州府晉江縣人萬曆丁未進士天啓元年任

董應舉 見龍福建福州府閩縣人萬曆戊戌進士天啓元年任歷太僕寺卿歷工部右侍郎荊州鑄錢

王洽 蒸嶽山東濟南府臨邑縣人萬曆甲辰進士天啓二年任歷右僉都御史巡撫浙江歷兵部尚書

王大智 濬宇順天府薊州玉田縣人萬曆甲辰進士天啓二年任歷太僕卿

梅之煥 長公湖廣黃州府麻城縣人萬曆甲辰進士天啓二年任歷右僉都御史巡撫南贛甘肅

吳亮嗣 納存湖廣黃州府廣濟縣人萬曆甲辰進士天啓二年任

聶謙貞 襟潭山西潞安府屯留縣人萬曆癸丑進士天啓三年任

王命濬 虞石福建[illegible]泉州府晉江縣人萬曆甲辰進士天啓三年任陞太常寺卿歷大理寺卿

路陞 天衢直隸眞定府饒陽縣人萬曆丁未進士天啓三年任陞太常卿

楊鶴 弱水湖廣常德府武陵縣人萬曆甲辰進士天啓三年任陞南贛巡撫歷兵部右侍郎兼右副都御史總督三邊

趙時用 霖宇直隸楊州府江都縣籍徽州府休寧縣人萬曆癸丑進士天啓四年任

程註 芸閣湖廣德安府孝感縣人萬曆庚戌進士天啓四年任歷太僕卿

張守道 生洲南直寧國府宣城縣人萬曆甲辰進士天啓四年任陞南京太

常寺卿歷工部右侍郎

甄淑 錦石湖廣黃州府黃岡縣人萬曆庚戌進士天啓四年任歷光祿卿

白儲玿 華池直隸順德府南和縣人萬曆甲辰進士天啓五年任陞太常卿

李逢節 來吳南直蘇州府吳江縣人萬曆丁未進士天啓五年任陞應天府尹歷兵部右侍郎總督兩廣

莊欽鄰 陽初福建泉州府晉江縣人萬曆辛丑進士天啓五年任

亓詩教 靜初山東濟南府萊蕪縣人萬曆戊戌進士天啓五年任陞右僉都御史巡撫河南

趙塡邦 澹含直隸真定府高邑縣人萬曆辛丑進士天啓六年任

謝　陞　青敦山東德州人萬曆丁未進士天啓六年任崇禎元年復任陞太僕寺卿歷吏部左侍郎

崔爾進　以可陝西長安縣人萬曆甲辰進士天啓六年任陞南京太僕寺卿歷戶部右侍郎巡撫天津

朱大啓　廣原浙江秀水縣人萬曆庚戌進士崇禎元年任陞太僕寺卿

魏照乘　瑶海直隸滑縣人萬曆丙辰進士崇禎元年任陞右僉都御史巡撫江西

段國璋　玉屋河南濟源縣人萬曆癸丑進士崇禎元年任

張振秀　存宇山東臨清州人萬曆庚戌進士崇禎元年任

呂維祺　豫石河南新安縣人萬曆癸丑進士崇禎元年任二年陞太常寺卿照舊管事三年陞南京戶部右侍郎兼右僉都御史總督糧儲

章光岳　仲山江西臨川縣人萬曆癸丑進士崇禎二年任陞太常寺卿

耿志煒　孟諸陝西武功縣人萬曆癸丑進士崇禎二年任

解學龍　石帆南直興化縣人萬曆癸丑進士崇禎三年任

彭汝楠　讓木福建莆田縣人萬曆丙辰進士崇禎三年任

新增館則

本朝題名

提督少卿

孫承澤北海順天大興縣籍山東益都縣人崇禎辛未進士順治元年任陞通政司通政歷吏部左侍郎加宮保

馮杰木衷北直高陽縣人天啓壬戌進士順治三年任陞太常寺卿歷戶部左侍郎

孫廷銓牧先山東益都縣人崇禎庚辰進士順治七年任陞通政司左通政歷戶部左侍郎歷吏部尚書內閣大學士

龔鼎孳　芝麓江南合肥縣人崇禎甲戌進士順治九年任歷陞禮部尚書

梁清遠　葵石北直真定人順治丙戌進士順治十年任歷陞吏部侍郎

霍　達　魯玆陝西長安縣人崇禎辛未進士順治十一年任陞大理寺少卿

曹　溶　秋岳浙江平湖縣人崇禎丁丑進士順治十一年任陞通政使司左通政使歷戶部侍郎

孫建宗　毓祺山東濟南府歷城縣人由癸未進士順治十二年任陞太常寺卿

董國祥　福先直隸隆平人庚辰進士順治十五年四月任

魏裔介　石生直隸栢鄉人丙戌進士順治十二年九月任歷陞內閣大學士

張天植 次先浙江嘉興人己丑進士順治十二年十二月任陞右通政

戴明說 巖犖直隸滄州人甲戌進士順治十三年六月任歷陞戸部尚書

董國祥 禮先直隸隆平人庚辰進士順治十四年七月復補陞大理寺少卿

錢綎 玉章直隸大名人丁亥進士順治十五年八月任

楊璥 執玉直隸順天人癸未進士順治十六年二月任陞右通政

劉祚遠 子延山東安丘人乙未進士順治十六年十二月任陞大理寺少卿

任克溥 海滄山東東昌人丁亥己丑進士順治十七年四月任歷陞刑部侍郎

楊義 崑岳山西人戊辰進士順治十八年六月任

錢綎 玉章直隸大名人丁亥進士康熙元年十二月復補歷陞副都御史

孫光祀作庭山東歷城人乙未進士康熙九年七月任歷陞兵部侍郎

袁懋德六完順天香河人貢士康熙十一年八月任陞大理寺少卿

張吉年長白遼東廣寧人戊子貢士康熙十二年八月任

徐旭齡敬菴浙江錢塘縣人乙未進士康熙十八年九月任歷陞漕運總督

袁景星客山廣西平樂縣人甲辰進士康熙二十年八月任歷陞左通政

王曰温子厚河南尉氏縣人甲辰進士康熙二十三年六月任

王承祖巖生陝西渭南縣人丙辰進士康熙二十五年四月任歷陞工部右侍郎

李紹聞德中山東蒙陰縣人乙亥進士康熙二十五年六月任

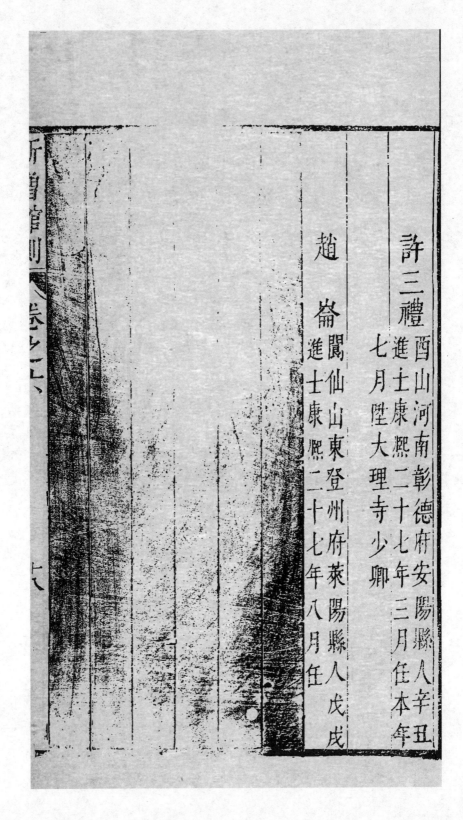

許三禮　酉山河南彰德府安陽縣人辛丑進士康熙二十七年三月任本年七月陞大理寺少卿

趙　崙　閬仙山東登州府萊陽縣人戊戌進士康熙二十七年八月任